葬祭ディレクター

まことさんの珍言録 ②

人生、幸せへの道
死を思い、生を見つめる

珍田　眞《まこと》

まえがき

私達は生きていると、いろんな困難や壁にぶつかったりするものです。それが大きな問題であればある以上、悩みや苦しみは大きくなっていきます。

そんな時には「何で自分は生まれてきたのだろうか」と考えたりするわけですが、それは人の心の奥底に「幸せになりたい」という願いがあるからだと私は思っています。

お釈迦さまは、それが出発点になって悟りをひらかれました。

仏教というと、すぐに葬式を思い出す人もいるでしょうが、お釈迦さまの教えの根本は、「今、生きている人達が、より良い人生を、より幸せな人生を送る」ためのものです。

ところが、死者のための教えという考えから、一般の人も、お坊さん自体も、抜け出ることなく今日《こんにち》まできているのが実情です。

それに関して、葬儀社経営と葬祭ディレクターとしての体験から、なんとかこれを打破したいと強く思ってきたことがあります。

それは「お釈迦さまの教えの原点に戻る」ということです。

私は宗教家でも、お坊さんでもありませんが、そうなれば一般の人が幸せになる生き方を学べると同時に、葬儀や埋葬、法事や年忌、お墓のことなど、心がすっきりする大切なことも学べるからです。またお坊さんの大切な役割もそれによって出てきます。

それが、そのまま人生の繁栄（幸せ）の道へとつながっているのです。

なお、顔の絵の下にある文字は、編集者が書き加えたものです。合わせて参考にしていただければ幸いです。

令和2年1月11日

珍田　眞

―人生、幸せへの道　死を思い、生を見つめる―目次

第一章　より良く、より幸せに生きる

菩薩はあの仏像ではなく
あなた自身に内在しているのです
自らが菩薩ですから、
その功徳たるや自由自在です

何とも救われる言葉です。素直に受け止めるだけで幸せな気持ちになります。自らが菩薩であると信じて、回りに起きる出来事に振り回されることなく生きていきたいと思いました。

生きるとは
自分の命を生かすこと
自分も命も
生かすほど輝き
粗末にするほど輝きを失う

そうなんですね。自分が成長したと感じた時に嬉しくなるのは。それは逃げずに挑戦したり、コツコツ努力した人へのお土産ですね。

一切皆苦《いっさいみなく》

お釈尊さまは生きることについて
生きることの全てが皆苦と説いた
苦は無明《むみょう》であるとも

えー、生きることの全てが苦しみとなれば、夢も希望も無いと思ってしまいます。でもそれは、無明《むみょう》であるとなれば別です。人生に光を点じる生き方があると思えるからです。

お釈迦さまは
生老病死という四苦の源には
欲望があると考えた
この欲を減らしてコントロールする
「智徳《ちとく》」を得ることが悟りに通じ
悟りが得られれば
人生の苦しみから抜け出せると考えた

人間を苦しめるのは欲ということですが、欲は人間である以上、誰もが持っていると思います。それをコントロールするには「智恵と徳」が必要ということですね。

悟りを得るための五つの力
努めること
思慮深い心を保つこと
心を統一すること
明らかな智慧を持つこと
信じること

この言葉を私流に解釈すると、与えられた自分の命を輝かせるために、どう生きたら良いのか。その道は必ずあると信じて、日々真剣に生きるということになります。いかがでしょうか。

仏教に慈悲喜捨《じひきしゃ》あり
四無量心
「慈」人が幸福になることを願う心
「悲」人の苦しんでいるとき助けようとする心
「喜」人の幸せを共に喜ぶ心
「捨」自分中心を捨てましょう
特に喪主や家族を勇気付けたい言葉

これは人が幸せになる日々の生き方の実践項目だと思います。この四つに共通しているのは、人様の幸せを願う行動です。これが自分の幸せだということですね。

釈迦は
人生は苦以外の何ものでもないのだから
それを見抜き
すべての執着を捨てて
解脱（卒業）せよと言った

執着を捨ててという言葉に、大きな意味があると思います。苦は無明《むみょう》だからです。

人は富に執着し
名誉欲に執着し
悦楽に執着し
自分自身に執着する
この執着から苦しみ悩みが生まれる

物欲は生きて行く上で大事な気がします。ただ執着すると人間が嫌らしくなる感じです。そのバランスがなかなか難しい。でも、自分をコントロールできる人もいる。それが人間ということなんでしょうね。

人間、無欲では生きられない
欲を否定するとむしろ苦しくなる
お釈迦さまの教えに八大人覚《はちだいにんがく》があり
その一節に「小欲　知足」がある
自分の欲を少なくすると
足りている自分を発見すると説く

欲というと、どうしても「自分だけの欲」を考えがちですが、それを減らすことで、むしろ自分の幸せを感じるということなんですね。

※八大人覚「遺教経」にある言葉で、釈尊が涅槃に入ろうとしたとき最後の弟子達に垂誡《すいかい》した八つの仏則

「遺教経」の八大人覚《はちだいにんがく》

小　欲（執着しない）
知　足（手放す）
楽寂静（よそ見しない）
勤精進（自分の頭で考える）
不忘念（観じ続ける）
修禅定（集中する）
修智慧（実践しながら生きる）
不戯論（言葉に捉われない）

お釈迦さまが入寂する際の言葉ですが、
生きている人に実践して欲しい

お釈迦さまは、人々が幸せに生きる方法をいろんな面から教えて下さっているんですね。

「自利利他円満」
自利の本質は自分だけの利益を求めない
相手の利益に貢献する
それが結果として自分の利益になる
よって自利は即利他であり利他は即自利である
自利と利他は一体
そこに円満が生れる

確かに自分が為《な》したことで、人に喜んでもらうと嬉しくなります。また自分の為《ため》より他者の為にやるほうが、力を発揮できるように感じます。良きことを為せば、良きことが自分に返ってくるということでしょうか。

自分の「命」をたどって行くと
地球上に生まれた最初の人にたどりつく
さらにその先もある
今ここにある命の不思議さ

こういう言い方で命の説明を聞くと、命を引き継いでいることの不思議さを強く感じます。それだけで、何か自分にも使命があると思えます。

来世と聞くと、普通は死後の世界と思ってしまう
では来世はあるのか無いのか
来世はあります
来世とは、子や孫や曽孫達が住む世界をいう
その子等を極楽の世に住まわせるのか、地獄に陥れるのか
私どもの、現在の刹那《せつな》刹那の行為が決める
それで私どもの先祖さまは、極楽の教えを通して
温かい思いやりの心、つまり宗教的情操を育ててこられた
地獄の教えで、厳しい倫理観や道義心を養ってくれた
それを、命を引き継ぐ者が継承していく

私達には「今の自分の生き方が来世の姿を決める」という重大な使命があると知りました。それが命を引き継ぐ者の使命ということですね。

すべての生き物は
そしてあなたにも
いずれ死が訪れる
死から逃れようとあがいてはいけない
死は生の一つの通過点
死に備えるとは死を受け入れること

誰でも死ぬことはわかっています。でも人は、死の備えをなかなかしない。はやり本気で死ぬと思っていないからでしょうか。

人は死ぬ　いつか死ぬ
と言われても……
あまり自分のこととして心に響かない
人はいつか必ず骸骨になる
どんな人も……
この方が、インパクトがある

死を骸骨と表現すると、具体的にイメージできわかり易いです。しっかりと備えをしなければと思います。

生死一如《しょうじいちにょ》
死ぬから　今生きている
生き続ける命が尊い
生と死はセット
生の中に死がある

生は生として、死は死として捉えるのではなく、生の中に死があると指摘されると、死を考えることが本気で生を考えることになると感じました。死を本気で考える。それが死に備えるということですね。

人は、どんな死を求めているのか
共通しているのは
尊厳を持って死ぬこと
家族や愛する人に囲まれて死ぬこと
痛みから解放されていること

自分はこの三つを叶えることができるか。最低限、家族から認められる生き方をしなければダメなようです。これからでも遅くない。頑張ろう。

命、尽きると
体は元素に分解され
宇宙生命が始まる
心は、この世に生者とともに有り
命、尽きない

これは、死の恐怖や心の不安を取り除いてくれる救いの言葉ですね。「命、尽きない」との断言が何とも心を安心させてくれます。

死ぬときに持って行けるもの
ただ一つ
人生で行動してきた業（カルマ）のみ
身の業
言葉の業
思考の業
善業は、ただ一つの財産になる

確かに死んだ時には、お金や物は持っていけないですね。財産の多寡《たか》に拘わらず、死に備えて元気なうちに争いが起きないようにすれば、それも善業になるかもしれません。

自分が死ぬときに残るものは何か
それは自ら集めた物ではない
人に与えた「真心」しか
相手の心に残らない

たくさんの真心が誰かの心に残れば、自分がそこに生き続けることにもなります。人様に喜んでもらえる生き方は、命の永続につながっている感じがします。

生きていると
人間は様々な思いを持つ
いったん憎しみを持つと
死ぬまで消えません
死んでも消えません

それは恐ろしい。日々気をつけないといけませんね。
逆に良い思いも消えないということだと思います。

孔子の弟子の季路が
死とは何ですかと孔子に聞いた
孔子は「いまだ生を知らず　いずくんぞ死知らん」
私は、まだ生というものさえわからないのに、
なんで死がわかろうかと答えている

死は人類の悩み事というのがわかります。お釈迦さまも同じようなことを言われていますね。

お釈迦さまは弟子から
度々死後の世界を質問された
しかしそれには答えていない
その時間があったら
今を生きよと教えた

「今を生きよ」は第一弾でも強調されています。仏教というと、どうしても葬式仏教が頭に浮かびます。その誤解を解く必要がありますね。

釈迦は
二六〇〇年前、弥陀の本願を説くために
この世に現われた仏である
（八万四千の法門を説かれた）

「弥陀の本願」と聞くと、素晴らしく良いことと感じます。もう一つ、死後の世界でという感じも受けます。でも「今を生きよ」から考えれば、今を生きている人達が幸せになるということではないでしょうか。これこそが「自分の人生を捨ててはいけない生き方」だと思いました。

私達は毎日神様から
贈物を貰っています
それは命です
自分の命
愛する人の命
共に大事にしよう

贈物と言われると、命は授かっていることがわかります。それに感謝し、精一杯生きる。自分の命を大事に、そして愛する人の命を大事にするとは、他者の喜びを自分の喜びとする生き方につながり、それが命を輝かすということになると感じました。

自分の人生をどう生きるかは
自分が選択して決めている
どんなに素晴らしい教訓も
知らなければ無いと同じ
知っても実行しなければ意味がない
お釈迦さまは人が幸せになる生き方を説いている
人の幸せとは何か
人を喜ばせた時に幸せを感じる
人を喜ばせることとは
教訓は知らなくともできる

お釈迦さまの教えは普遍ということですね。また、自分の人生は自分が決めている。社会や人のせいにする前に、自分の生き方を反省しなければと思いました。

「終活」が広がりを見せています
しかし仏教そのものを勉強することなく
費用やしきたりに終わっていることが多い気がします

終活とは死に備えること。その大事な意味を知らないために、表面的な形だけに目が行ってしまうのだと蔽います。死に備える意味をしっかりと学ぶ必要があります。

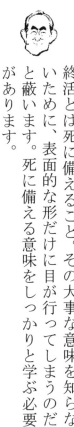

葬儀や法事で大事なのは
残された人達がどう生きるかを
見直したり確認したりすること
葬儀などの準備は死に備えることの一つ
より大事なのは、現在の自分の生き方を見直すこと
残される人達がより幸せになるために
自分自身がまずより良く、より幸せに生きる
それを考えることが死に備えることです

葬儀や法事があると、自分はどう生きて死んで行ったらいいのかと考えます。死に備えるとは、それ以上に、残された人達が幸せになることを考えて自分の生き方を見直すということなんですね。凄いことを教わりました。後を引き継ぐ人がいない場合は、公に寄贈するとか社会に還元できれば、目に見える形で命は続くと思います。

第二章　死を考えると人生に深みが増す

夫が看取ると余命5年
妻が看取ると余命20年

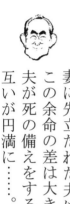

妻に先立たれた夫は、元気が無くなると聞きます。この余命の差は大きいです。余命の長い妻に、まず夫が死の備えをする。妻の同意を得ながらやればお互いが円満に……。

一生を終える時
自分はこういう役割で
社会に存在した意味があったと
納得できる生涯にしたい

果たして、今の自分はそういう存在になっているでしょうか。それがわからずとも、死の瞬間「私は幸せだった」と思えれば、幸せの中で死を迎えたことになります。となれば、今からでも自分の人生に意味があったと言える生き方ができるのではないかと思います。

花は咲く縁が集って咲く
散る縁が集って散る
独り咲き一人散るのではない
人もまた縁集って生まれ、出会い、結ばれ
そして縁つきて滅していく
独り生まれ　独り去るのではない

縁あって、いま自分はこの世に存在しているわけですね。だからこそ、縁ある全てに感謝し精一杯生きようと思いました。

宗教を考えることは、死を考えることです
死を考えるとは、
老いと死のレッスンをする
どう老いて、どう死ぬかを予習することです
それは同時に、より良く生きることに繋がります

やはり死を考えることは、生を考えることなんですね。それが「死に備える」ことだと思いました。

草花や木は、
時が来れば、花を咲かせ、実を結び
自らを完成させる
人もそうありたい

何があっても、自らがしっかりと生きる。それがあって人は成長するということですね。しかし時にはくじけることも……でも頑張ろう。

人が知らなければならないこと
生があれば、死がある
幸せがあれば、災いがある
善いことがあれば、悪いことがある

どうしても、自分の都合の良いことだけを求めがちですが、両方があって人生があるんですね。それを受け止めて生きる。そこに人生の意味があると感じました。

今生命あるは有り難し
人の生を享《う》くるは難く
やがて死すべきもの

この世に生を受けるのは、非常に難しいことなのに、死は全ての人に必ずやってくる。その貴重な人生を無駄に過ごしていいのですか、ということですね。

死とは生の続きであり
人生を完成させるだけでなく
体をお返しするに過ぎない
しかも心と魂はずっと生き続け
死はない

凄い言葉です。人生を完成させるなどできるのでしょうか。真剣に生きなければと思いました。

循環原則
人には、死と再生のリズムあり
変化と蘇生を繰り返し
循環をやめない

お釈迦さまの教えは、死後残るのは命とカルマだとお聞きしました。死と再生のリズムで循環をやめないとなれば、良きカルマ・善業を積み重ねるしかないと思いました。

キリスト教では、祈祷の最後に
「アーメン」と言った言葉を付け加えます
これは、ヘブライ語で
「しかり」「しかあれかし」の意味で
「アーメン」を加えるのは
その真実性を神に誓い
また他人の祈祷に同意するためです

私が今祈ったことは、神に誓って守ります。また、自分を神に全托するということですね。結局、これは自分への誓いでもあると思います。

仏教では
死を穢《けが》れとは受け止めていません
深いご縁で結ばれていた方と今生のお別れ……
もしも再び帰ってこられたら大歓迎

死は今生のお別れで、命がなくなったわけではなく
続けているということですね。

肉体だけが命じゃない
共に過ごした時空全てが
命として生きている

命として生き続ける。自分の人生を粗末にしては申し訳ないと思いました。

浄土（彼岸）は
人と人が真に共に生き合える世界に
目覚めて欲しいと
呼びかけている世界です

もしかすると、浄土（彼岸）というのは、あの世のことではなく、いまここに実現して欲しいということでしょうか。少なくとも、そう考えて生きなさいと言われた感じで受け止めました。

息を引き取る間際になると酸素不足になります
すると酸欠に強い細胞の働きだけが際立って、
網膜の円錐細胞の働きで光を感じやすくなります
経典には
死の間際に目に映るいろいろな色の
順番が書いてあったりします

死ぬ時は、光を感じる、光に包まれるということでしょうか。明るい光だったら幸せを感じますね。

法然800年大遠忌中
正岡子規の糸瓜（ヘチマ）忌
太宰治の桜桃忌
忌とは、自分自身心する一文字

自分自身心するを、自分自身の生き方に反映させると解釈すれば、忌というのは、故人を偲ぶのはもちろん、故人の生き方や考え方を学んで自分のものにするとなります。大事な意味がありますね。

喪《そう》は「哭《こく》」と「亡」の合語
慟哭する意味

死は今生の別れで、命は生き続けると言われても、激しい悲しみに襲われる。それが喪に服するということなんですね。

臨終の際に残された人に「ありがとう」と言えないかもしれない
言えるうちに感謝の言葉をふんだんに

本当ですね。普段からちゃんと言っている人は、臨終の際にもちゃんと言えるのかもしれません。

まもなく仏さんになる君へ
エンディング・ノート作成　必要
ありがとう、その他を伝えるために

死を前に、まず大切なことは感謝の気持ちを伝えることなんですね。エンディング・ノートを書いてみると、他にもやっておかなければならない大事なことに気づきます。問題となる遺産相続などは、専門家に相談した方が良いようです。少額でも問題が起きると聞いています。

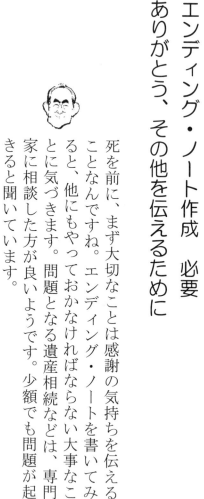

人格が完成した時に
死は訪れる
人格の完成の評価は
神様が決める

それが寿命ということでしょうか。でも、事故に遭って亡くなる人の場合は、どう解釈したらいいのでしょうか。そういう場合は、特にお坊さんの出番ということでしょうか。

亡くなった人を
「帰らぬ人となった」
と表現します
でも望めば、いつでも、どこでも
自分の心に帰ってくる
亡き人に会いたいなーと思ったとき
そのときすでに会っている

これも凄く大事な言葉だと思いました。まず、命は引き継がれ生き続けていること。自分が心で思うことで故人を身近に感じられること。個人が自分と共に生きていると思えること。感謝ですね。

家族は永遠に存在する訳ではありません

歳を重ねてきて、その現実を実感できるようになってきました。感謝の気持ちで、家族のためになれることを心掛けています。

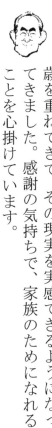

死を忘れたとき
生もぼける
死を凝視する目が深いほど
ひとときの命を深く生きる思いを持てる

そうなんですね。「死を凝視する目が深いほど」の言葉は鋭い指摘です。心しなければなりません。

死者を仏弟子にするお坊さん
死人にお経を聞かせるお坊さん
死んだ人間で食っていけるお坊さん

本来は、仏弟子になるのは生前、お経は生きている人のために。お釈迦さまは、人に生きる知恵や方法を教え、苦から人を救うことを願っておられた。そのお手伝いをするのがお坊さんということでしょうか。

キリスト教では
死者はすぐに天国へ行くわけではありません
世界の終末に
イエスキリストが復活して最後の審判を行います
善を行った者は復活

ヨハネによる福音書（5）

悪を行った者は天国に行けないことになります。生まれ変わって再チャレンジというわけにはいかないのでしょうか。それを問題にするのではなく、今を真剣に生きよということですね

人は死んで仏になるとは限らない なれない人もいる

そういう人は、いったいどうなるのでしょうか。恨みや憎しみを遺したまま苦しみ続けるのでしょうか。この言葉も、だから「今を真剣に生きよ」と受け止めた方がいいですね

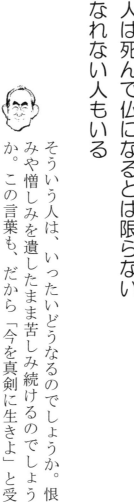

この人は「成仏した（悟った）」という認識機関があってもいいかも

さて、生きているうちに判定を下してもらうのか、それとも死んでからか。どちらにしても、お釈迦さまの教えを実践することですね。第一弾でもその内容を示しています。

老、病、死は
わずか十年でやってくる
終息の美学を自らの棚卸で

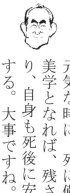

元気な時に、死に備えようということですね。終息の美学となれば、残される人の、生きる良き見本となり、自身も死後に安心できるように身の回りを整理する。大事ですね。

遺言は愛する家族に宛てた
ラストラブレター

遺言というと遺産相続が頭に浮かびますが、ラブレターとなればその意味が違ってきます。まず感謝の言葉を綴る。問題は遺族に「本当にラブレターだ」と思ってもらえることが書けるかどうかですね。私はどうか。はなはだ疑問ですので努力します。

逝く人の遺す言葉は「遺言」
このことを毎日の生活に生かして生きる
この家族を遺族と言う

これですね、お釈迦様の大事な教えは。ということは、遺族がそのように生きたいと思ってもらえる遺言にしなければなりません。私達自身の日頃の生き方が問われます。

遺産と言えば有形のものを思い浮かべますが
大切なのは無形の遺産です
故人の残した精神の遺産です
相続税はかかりません
みんなが共有できますし
減るものでもありません
亡き人の尊い言葉や生き方を伝承すべきです

私には、今まで全く気づかなかったことです。私達は、無形の遺産をいただいて生きているし、それをまた後世に引き継いでもらえるように生きなければなりません。結局これも、私達の今の生き方が問われていることになります。

病の中にある幸福感
臨終にもある満足感

さて、自分がそういう立場になった時に、このように思えるか。その時にそう思えるように心掛けます。

美しく老いる人
空しく老いたる人
豊に老いる人
上手に歳をとるには勉強です

福沢諭吉も人に差ができるのは、学ぶか学ばざるかの違いであると『学問のすすめ』に書いています。生きるための方法や技術は当然として、人間の質を高めるお釈迦さまの教えのような、人生哲学も勉強してもらいたいですね。第一章にあった「智徳」を身につけることにも通じていると思います。

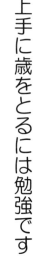

極楽浄土とは煩悩から離れた状態の比喩
比喩はキリスト教、イスラム教に於いても使われている

比喩となれば極楽浄土の反対は地獄です。地獄を好まないのは宗教には関係ないようです。人間の真っ当な生き方を惑わす煩悩は、やはりいけないことがわかります。これは人間教育として教えていかないと、なかなか身につかないと思います。

「華厳経」に
「心は工《たくみ》なる画師のごとし」とある
心は色々な絵を自由自在に描く
画家のようだという意味です
浄土も彼岸も仏国土も描ける

凄い言葉だと思います。だって自分の心で自由に、浄土も、彼岸も、仏国土も描けるというのです。あとは、その世界に生きる努力をする。これが人生の本質のように感じます。

第三章　葬儀、仏壇、お墓、遺骨等を考える

葬式、法事、お墓、戒名
そろそろ切り捨てていいこと
いけないこと

何を捨てていいのか、また何を捨ててはいけないのか。ぜひ教えてください。時代が急速に変化している中で、頭を悩ませている人もいるかと思います。何を大切にすればよいかがわかれば、多くの人は安心すると思います。まず葬儀について教えてください。

近年「家族葬」をはじめとする
小規模葬の比率が増加している
一　会葬者減少（死亡年齢の上昇等）
二　義理会葬を排除したい
遺族のプライバシーを知られたくない等
家族の意識変化が葬儀の小型化に拍車がかかっている

これは実感します。小規模葬の施設も見るようになりました。葬儀はせずに直接火葬する直葬もあります。故人が高齢者であれば参列者も少なくなって当然でしょうが、葬儀の簡素化で「それでいいのかなあ」という気持ちもあります。この気がかりを解消できたらと思います。

自分（身内も含む）の葬儀はどうするか
墓、仏壇も含めて
よく歴史から学ぶと共に
ご家族の総意で決定すべきです

と言われても、ほとんどの人は業者にお任せと思います。今の時代はネットで手配できるので簡単便利にもなっています。どちらにしても今までは「一生に一度のことだから恥ずかしい葬儀はしたくない」という思いが遺族には強くあったと思います。

葬儀は改めて自己の「一生」を直視する営み貴重ないっとき

直視となれば、亡くなった後ではなく、生きている間に「良い一生だった」と言える人生にしておかないといけない。これ、大事な指摘ですね。

葬式は故人のためにする部分と
遺族と参列者のためにする部分がある

葬は
亡くなった人に対しては　儀礼
会葬者に対しては　礼儀

葬式は単に故人のためではなく、遺族と参列者のためにする部分があるということですね。それはどういうことか、具体的に知りたいです。

亡き人の心を
生かすも殺すも自分の心にある
亡くなった人のために
自分は何をしたか
これからの自分に何ができるか
それを考えてこそ葬儀の意味がある

故人のために自分は何をしてきたか、これから何ができるかを確認することが葬儀における大事な意味ということですね。

葬儀を終えた後
自分はどんな生き方をしてきたか
法事はその結果を
自分に問いかける儀礼である

葬儀だけでなく法事も、自分の生き方を問う場ということですね。

法要の意味

一、追憶の心（先祖の恩に感謝する）

一、反省の心（ふさわしい自分か）

一、和の心（残った人達が仲良くやる集いの心）

これは第一弾に掲載した言葉です。大事だと思い再掲しました。

お釈迦さまは
死後の世界について、触れていません
葬儀のためのお経も、書いていません
本来、仏教と葬式は無関係です

えー、そうなんですか。俄《にわ》かに信じられません。葬儀と言えばほとんどお寺さんのお世話になりますよ。

修行途中で亡くなった雲水の葬儀の方法を
俗人の葬儀に応用する道を開いたことで
日本独自の仏教の葬儀が確立された
これが他の宗教にも広がった
今で言うイノベーション

お釈迦さまは、葬儀のためのお経は書いていないのに、それが葬儀であげられている。そうなれば、葬儀は仏教、お経は故人の供養のためと思ってしまいます。

お経について

お経は亡くなった方に
読み聞かせるものではありません
遺族、参列者が葬儀や法要の場で
仏の教えに出合っていく
それがお経をあげる意味です

そうですか。葬儀や法要は参列者と仏の教えの出合いの場なんですね。凄く厳粛な気持ちになりました。また葬儀のためではないお経があげられるということは、生きている人のためということになりますね。深い意味を知りました。

お経は
生きる人達に向けて
亡くなった人が
お坊さんにお経を読ませている
発注元は故人

故人のためにお経をあげてもらっていると思っていました。全く逆なんですね。発注元は故人、と知れば、故人の諸々の願いに思いを馳せるようになります。

通夜でも葬儀でも法事でも
お坊さんは故人に向かい
参列者には背を向けてお経をあげます
お経の発注元は故人です
聞いてもらうのは参列者です
参列者に向ってあげるのが本当です

そうなれば、参列者も参列した意味を感じ取りますね。お坊さんとの距離も縮まる感じです。できれば「お経の意味を教えてください」と言いたくなります。

お経・正信偈って何？
お経は釈迦の教えの言葉
その教えをいただいた親鸞が
お作りになったのが「正信偈」です
通夜や葬儀で勤めるもので
死者に捧げる呪文ではありません
悲しみの中にある人達に
生きる意味と、本当の喜びは
何かと問いかけた言葉です

生きる意味と、本当の喜びは何かと問いかけた言葉、
と聞けばその中味が知りたくなります。

釈迦の教えは
神聖な言葉として梵語の発音のまま唱え
意味を理屈で考えるものではないとされている
仏の真実の言葉を唱えよう

意味がわからずとも、まず唱える。古典を学ぶ素読と同じで、そのうちに意味がわかってくる。同時にお寺さんが、お釈迦さまの「人が幸せなる生き方」を、葬儀や法要などで説いてくだされば有り難いですね。

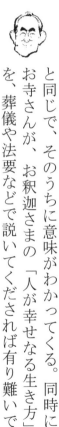

通夜、葬儀、法事は
誰のために勤めるのか
それは　今、生きている人に
メッセージを伝えたいから

これで、通夜、葬儀、法事などの大切な意味を理解できました。私達が「より良く、より幸せに生きること」を確認して次に進むということですね。葬儀の形がどう変わろうとも、これだけは守る。それで故人からも喜んでもらえるわけですね。

仏壇の意味

決して切り捨てていけないこと
それは命のつながり
形が無いとそれを忘れしまう
仏壇は家の「財産《たから》」
仏様の「家《おうち》」

心で命のつながりを思っているだけでなく、見た瞬間にそれを思い出す。また子供達にその意味を伝える場として生かせる。やはり仏壇は大事ですね。

仏壇は人生の羅針盤

形や大きさにこだわらず
家に備えておくことが重要
そして命日に手を合わせたり
年忌や法要にはお寺さんのお世話になって
お経を聞きながら
参列者と共に自分の生き方を問うていく

となれば、故人が自分の命と共に生き続け、自分自身も人間として成長できますね。

仏壇が普及する以前は「床の間」だった
「床の間」が一段高くなっているのは
そこに仏様を祀っていたからです

昔の人は仏壇が無くとも仏様を祀っていたんですね。私達はその心を引き継いでいかなければならないと思います。

お墓と遺骨

私達日本人の霊《みたま》に対する考え方は
人は死後はるか彼方へ旅立つのではなく
生前家族と暮らす場所
つまり小高い山、初めは山頂ではなく
麓《ふもと》に近い峰の端っこ「端山」へ往き
歳月とともにしだいに高い山に遷っていくと考えました
ハヤマ（葉山、羽山、端山）葬の考え方です

生前家族と暮らす場所というのは、身近で共に生きていることを実感できる場所ということで、いつも心で一緒だったということですね。

お墓は
ご先祖との出会いの場
感謝し対話する場
お墓に行くのは故人を偲び
自分の生き方を問うためで
自分のために行くのです

それが今までの考えだったと思います。ですから家族みんなでお墓参りに行きました。ところが最近は、お墓の場所がお寺さん、共同墓地、都会のビルの中にといろんな形態が出てきました。墓じまいまで出てきました。どう理解したら良いでしょうか。

第五回エンディング産業展が東京ビッグサイトで、令和元年八月二十日～二十二日までありました。東本願寺さんが「誰のために葬儀を勤めるのか」と大きく表示をしていました。死に関係する営みを本質から考え直そうということだと思います。

展示は様々、簡素化する中、一日葬、直葬を減らす展示もありました。家具にマッチする仏壇、花供養墓、手持ち供養、お墓等々、散骨は宇宙葬なるのもありました。

私も見てきました。一見、華やかな感じでした。将来は全ての人がお世話になることです。お客さんをどう惹き込むか。一般的には安さが魅力ですが、高価格帯のものも需要がありそうです。やはり気になるのは時代の変化にどう対処するかです。散骨するばお墓は必要無くなりませんか。

私は以前
斎場と霊園の指定管理（五年）をしていました
究極の遺骨処理は
斎場で遺骨を引き取らないことです

えー、遺骨を引き取らないですか。遺骨がお墓に埋葬されるから、お墓参りも意味があるように思います。故人とのつながりが無くなってしまわないでしょうか。

例えば手元供養があります
宗教を問わない
無縁になる心配少ない
管理費不必要
費用が少額（墓に比べて）

遺骨をアクセサリーなどにして身につける。もしくは小さくしたおしゃれなケースにいれて身近に置く方法ですね。そうなればお墓は必要なくなる。その場合、他の遺骨はどうすればいいですか。

全国火葬場残骨灰合同供養会を知っていますか
遺骨は大事にされている

そういう事業体もあるんですね。ところで散骨にはいろいろなやり方があるようですが、何か制限はないのでしょうか。

散骨について

多くの人が集まる公共の場はいけないとか
僅かな決まりはありますが
法的に基本制限はありません
希望としては、お墓の問題、故人の希望など
様々ですが希望は増えています

散骨は、それ自体は問題ないかもしれませんが、手元供養にしてもその持ち主が無くなれば、誰がご先祖とのつながりを持つのかという心配があります。そういう点は、どう考えれば良いでしょうか。

仏壇の意味の所でも書きました
家の中に、小さくて構いません
誰が見てもわかるような
仏壇に替わるものを置きます
そこに写真や位牌や何か印となる
故人を思い出すものを入れます
そして必要に応じて法要などをして
故人に対して最高の供養になる
自分の生き生きした姿を見せるのです
こういう営みだけは忘れないでください

わかりました。命のつながりを大切に引き継いでいくことですね。いずれ自分も亡くなるわけですから、生きている間は故人に恥じない生き方をして人生を全《まっと》うしなければと思います。

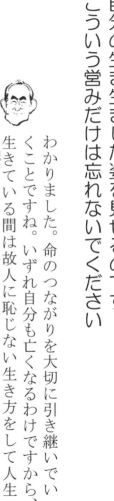

究極の在家主義

佛と直接契約…僧侶・寺院という卸問屋がなくても大丈夫

・戒における在家と出家の違いがほとんどない

・釈尊の時代は、修行を重ね、幾たびも生まれ変わらないと佛になることができなかった。ところが平安時代になると、衆生と仏の距離圧縮されて零になり、全く修行をせずに、凡夫の状態のままでこの世が浄土・佛の世界になるという思想の基盤が作られた。この世＝浄土という発想は、例えば浄土真宗や禅宗の思想に強く反映されるようになる。

煩悩即菩薩、山川草木悉皆成仏

寺　院　お経の中に描かれている

お仏壇　お寺をミニチア化し、各家庭に持ち込んだ「お浄土」を具現化したもの

これは分かり易く、大いに納得できます。ただし、修行せずに浄土に行けると安易に思うのではなく、命を生き切る生き方をしなければと思います。

葬儀のあり方と葬祭業者について

昔、葬式仏教
今、葬儀社仏教
業者に先導されぬように
ご遺族の知恵・総意で

仏教を葬式仏教と言っても、現在の葬式を考えると別に問題はないと思います。しかし葬儀社仏教という言い方は初めて聞きました。そう言われると、どう葬式をするかわからない遺族にとって葬儀社に相談するしかありません。それではダメですね。

高額なパッケージでなく
本人や家族から聞き取り
納得が得られる方向で進める
格安葬儀保険の活用
法話の上手なお坊さんを選び
お寺の活用が必要である

葬儀のことを前もって準備することは嫌われがちですが、準備ができていないと納得できる選択ができません。そのためには「死に備える」ことが重要ですね。

神式の葬祭で感謝される点

・経費がかからない
・平素負担を掛けない
・誄詞《るいし》（故人の生前の功業をたたえる言葉）が分かり易くて故人を偲び易い
・時間がちょうどよい（適当である）
・仏式の戒名料にあたる分がない

一度しか神式の葬祭に出たことはありませんが、すっきりしていいですね。

葬祭業者は
仏教の伝道者の一員として
今後も活躍が期待される
エンディングサポート
命に関するいろいろな相談言を聞く

大切な使命ですね。

葬祭業者は
自分達が生きるお葬式から
残された人々が
生き方を学ぶ葬式へ
葬式のマネー学　必要
そこからニードセールスが始まり
生前契約に繋がる
（ニード：気付いていないことで重要なことを知らせる

心からの奉仕ですね。それがご遺族に喜ばれ会社もよくなる。

葬儀社担当者選びのポイント

□評判の良い会社　ライセンスのある社員

□担当者は経験豊かで知識、真心のある人

□終了までトータルで担当できる人

死に備えることで、これは確認できると思います。

「多死社会」に突入し葬儀業の需要拡大が続くなか、葬祭マーケットを取り巻く社会環境も大きく変化しています。

「直葬」の増加を初めとする葬儀施行単価の減少、また「葬儀」のプライベート化、多様化、高齢社会進行による葬儀準備期間の長期化が進み、葬祭サービスの提供方法にも再設計が求められています。

葬儀発生前から葬儀施行、またその後フォローから始まる次葬儀発生前の囲い込みまで、いざという時に「選ばれる」ためのビジネスモデルへの対応をいち早く行っている企業が、エリアや事業規模に拘わらず業績を伸ばしています。

葬儀社無くして葬儀関係の営みは、スムースに進まないと思います。ご遺族に喜ばれる葬儀社であって欲しいと思います。

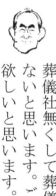

第四章　戒名（法名）、お寺さん、喪服等について

結婚式は親への感謝
葬式は子のためにあり
法事は命をリレーしてくれた
全ての人のためにある

こういう説明はわかり易くていいですね。いずれも命のリレーにつながっていると思います。

結婚式は「式」と「披露宴」から構成される
葬式は「受戒会」と「告別式」とで構成されている
（宗派により違う場合あり）
生前に「戒」を受けていれば
お別れ会や告別式で済みます

葬式を簡素化できるということですね。その「戒」を受けるとは、戒名（法名）を受けることでしょうか。

戒名（法名）

「戒」とは
人をして
善や清浄に向かわせるもの

自分の生き方を正しくする約束事ですね。

自誓授戒という形式をとれば自ら戒を受けることも可能になる

自分で戒を決め、自分を律することができるということですね。

日本の仏式葬は
仏の教えを聴き学び
仏の徳を讃《たた》え
帰依して僧侶になるための
死後の出家の儀式です

故人を供養するのが葬式と考えていましたが、帰依して僧侶になるという重要な儀式なんですね。

葬儀の中心となるのは死者を剃髪し
出家したことにし「戒を授け」
戒名（法名）を与えます
死者は僧侶になった上で葬られます
戒名（法名）は仏教徒になった証
葬式の際の「授戒式」は
生命活動が停止している死者を
出家させる式のことです

死者は「授戒式」で戒名を得て、仏教徒になるんですね。

戒名（法名）は本来
出家したときにもらう名前
戒名（法名）を授かっても見た目は変わらないが
見る目が変わる

出家というのは、お坊さんになること。戒名（法名）は、亡くなってからではないということですね。そして戒名（法名）を授かると見る目が変わるとは、生きる姿勢が変わるということでしょうか。

戒名（法名）とは仏弟子となった証として授けられる授戒
名です
現代では葬式のときに戒名（法名）をいただくのが一般的
ですが
本来は生前にいただくものです
出家して僧侶になる者は「得度式」で戒を授かります
戒名（法名）を授かるとは、仏道を実践し仏恩を自覚し
仏弟子の仲間入りをすることです

死者は「授戒式」で、出家は「得度式」で戒名（法名）をえるんですね。

「令」は元々神様のお告げのことで
クールで優れているという意味
戒名（法名）にも用いる
律令・命令・令日・令月・令息・令室
令嬢・法令・発令などの文字がある

戒名（法名）に使用する文字は厳選されていると聞きます。令はその価値あるということですね。

戒名（法名）は本来
二文字であった
空海、最澄、法然、親鸞、日蓮……
全部、戒名（法名）です

そうなんですか。初めて知りました。文字数や使用する文字で料金が違うと聞いています。二文字なら安く済みそうですね。

一八三一年幕府の禁令

近来、百姓、町人でも身分不相応な大造りの葬式をし
または墓所へ壮大な石碑を建て
院号、居士号をつけ候、おもむき相聞くいかがのことにや候や
今より以後、百姓、町人とも葬式は
たとえ富裕にある者、由緒これある者にても（略）
墓碑の高さ台共四尺かぎり
戒名に、院号、居士号等決してつけ申すまじく候

こういう大事な禁止令があるにも拘わらず、それが現在まで続いてきた。それが最近では墓じまいや簡素な葬式が多くなっている。大事なのは形ではなく、命のつながりをしっかりと確認できることを忘れないことですね。

お寺さん

江戸時代、寺は地域の戸籍を作成し保管した
江戸幕府が人々に「寺請証文」を受けることを義務づけた
寺院の檀家である証明書です
それはキリシタンでないと確認する仕組みでもあった
寺は、葬送を一手に引き受けるようになり葬式仏教になった
僧侶は役人としての性格を身にまとうことになった

江戸時代に檀家制度ができ、仏教が葬式仏教になっていったんですね。僧侶は役人の仕事を優先して、本来の教えを広めるという役割が疎かにのなったのでしょうか。

回忌法要は報恩感謝の意味です
キリシタン弾圧のため檀家制度がつくられ
三回忌、七回忌等は
後追い調査のために始まった

現在は、それが葬祭の行事として引き継がれていま す。今一度、葬祭の真の意味を見直さないといけませんね。

過去にお寺は、四九日までの一週間ごとの法要、月命日、一、三、七、十三回忌……ごとの法要を行うことで人々を癒してきた時代もありました。

ところが今のお寺は以前ほどの「力」がなくなっています。その一つの原因が、異常なほどセレモニーホールが増えているからと考えます。

その分、お寺さんとの関わりが薄くなり、「寺」の力が弱まっているのです。

私の願いとしては、生きている人が心を寄せるところ、仏の教えを学ぶところとして、檀家寺を選んで欲しいと思っています。

お寺さんの大事な役割があるということですね。

四九日法要はインド人の習俗
一〇〇日法要
一　周忌法要
三　回忌法要
七　回忌法要
以上は中国起源（礼記）
一三回忌以降の法要は江戸時代に始められた神道の教え
仏教では、死後浄土に生まれかわるんです

日本の葬儀、法要は仏教伝来の過程で、いろんな考えが融合されているんですね。

本来布施などは、施主の心からされるもの
額を明示して請求したときから
布施の意味を失い、ビジネスとなり
僧侶としての立場を
自ら放棄したことになりはしないでしょうか

どのくらい包んだらいいのか、いつも迷います。布施の語源を辿（たど）れば布の施しなので「ほんの気持ちで」良いはずなのですが……自らできる範囲でやるしかありませんね。

葬儀や法事の席で
得心いく法話や所作に触れられれば
お坊さんは極めて大切な存在になる
生きている人の救済となる

やはりお寺さんも、人々の心を引き付けるような
日々の努力が必要ですね。

没後作僧《もつごさそう》

仏教の葬式は亡き人を仏弟子として導き仏の世界へ導くと考えていいでしょう

死後に僧をつくるということなので、葬式の「授戒式」のことですね。

本来の仏教から変質した日本仏教
全国八万と言われる寺が方向性を見いだし
行動すればすぐ変わる
仏教の真髄を国民へ

人心の荒廃が問題になっています。人々を現世で救うお寺さんが増えていったら凄い社会貢献ですね。

日本の宗教の現状は
重層信仰（シンクレティズム）です
仏教・神道・キリスト教など
複数の宗教を生活・文化の面で
合わせもつ在り方を意味します

いかにも日本らしいと思いました。ここで大事なのは対立ではなく融合ですね。自らの生き方を失うことなく相手を受け入れる。そんな広い心の持ち主になりたいと思いました。

宗教者の指導力が低下し
仏教は葬儀社仏教になっている
喪主、遺族は
業者にその多くを委ねる状況になっている
学ぼう真の葬祭文化を

教えを待つだけでなく、喪主遺族（人々）も、葬祭文化を学ぶ。本来の意味を知れば、お互いはハッピーだと思います。

葬式仏教から
ガウタマ・シッダールタ開祖の
仏教を学ぶことは完全かつ十分できる

葬式仏教と言うと悪い意味で使われますが、そこから仏教を学ぶことができるということですね。その言わんとするところは、人が幸せに生きられる仏教の本当の教えを学びなさいということですね。

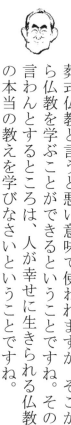

香りの強い野菜を総称して「葷《くん》」と言う
煩悩を刺激するそうで
仏門では酒と共に禁じられた
不許葷酒山門…葷と酒は山門を許さない
禅寺などで寺門の傍《かたわ》らに書いてある句

修業するにあたりマイナス面は最初から取り除いていく。何でも最初が大事なんですね。

「お斎《とき》」という言葉は
お釈迦さまが出家者に対して
正午を過ぎてからの食事を禁止されたことから
出家者が正午以前に分量を過ごさぬ程度にとる
正式な食事のことを指していたことに由来しています
それが後に転じて肉食をしないことになり
仏事、法要の際に参詣者ともども
いただく精進料理を言うようになりました

単に、仏事、法要が終わってからいただく食事では
ないく、基本は精進料理なんですね。

身近な人（愛する人）の死に直面したとき
その悲しみや悲嘆を癒す方法として
3通りあると思います
檀家のお坊さんに期待するのか
または何があっても自力で痛手から立ち直れるように
日頃から心を鍛えるのか
その他としてカウンセラーの「力」を借りて苦しみを乗り越えるか
どれを選ぶかを考えていかなければなりないと考えます

こういう場合、支えてくれる人がいると助かります。お坊さんに期待します。

住職

人の生き方や
人の死に立ち合って
人を励まし、癒し
日常の困りごと
中味相談にも対応できる
マルチ人間

となれば、教えを乞う人達がお寺さんを訪ねると思います。お寺さんとのつながりをつくるには、命日に家に来ていただいたり、お寺さんを訪ねたりすることも大事なことですね。

日本の葬儀を外国人に聞いてみると
火葬！　家族を燃やすの
そんな残酷な
骨だけ残して箸で拾う？
オカルトチックなセレモニーね
日本人って骨フェチなのね
「フェチとは宗教用語…物に宿る神秘を信じること」
葬儀にお金を包んで行くの何故？
何故、全員黒いスーツを着るの？

所変われば文化も宗教も違う。その文化、宗教をお互いが認め、排除ではなく、良い点は取り入れて行けたらいいですね。

喪服《もふく》

服喪の期間中故人の近親者が
哀悼の情を表し着用する衣類
喪服の色は（赤を含まない）白
うすねずみ等を使ってきた
大正の末から今のような黒一色となった
アメリカでは葬儀で喪服を着るのは
故人と近い関係の遺族と葬儀社の社員のみです
古代日本人は白を神霊な色とし
人が亡くなると神になると考えたことから
葬礼に関わる色を白とした（喪服は白だった）

なにげなく黒でなければと思っていましたが、白の時代もあったのですね。白、いいですね。

第五章　人に生まれて「アリガタシ」（有り難し）

お釈迦さまが
生、老、病、死の四門を出ていって
そこで苦しみを見
その苦しみを何とか救わなければと
思われたのが仏教の原点です

誰もが苦しみは体験していると思います。ということは、仏教は誰しもが勉強になるということですね。

仏教に期待されるものは
当初から「教義」よりも
「呪術力」であった
仏像を祀ったら疫病が止まる
仏像を捨てたら疫病が流行《はや》る
招福につながるのか
災厄をもたらすのか
そこで求められたのは
現世利益だった

欲を捨てよというのがお釈迦さまの教えのはずなのに、やはり生身の現にとっては現世利益を求めたんですね。

「人生は苦なり」の実相を見つめ
苦の元凶は何か
正しくみきわめてこそ
安楽の人生が開かれる

何が自分を苦しめているのか。それに気づきながら一つ一つ乗り越えて安楽の人生に導かれる。希望を持って生きなければ、ですね。

人の誕生日は3回ある
1、この世に生まれた時（母親から生まれた時）
2、法名や戒名をいただき生まれ直した時（信仰を得た時）
3、命が終わり浄土に生まれ他を導く「仏」になった時
（浄土に生まれた時）

戒名（法名）をいただいて出家し、浄土に導かれる。これを実質的なものにするかどうかは、自分自身の普段の生き方で決まりますね。

ありがと（有難う）
漢文で「難有」と書きアルコトカタシと読み
めったにない、まれなこと、
非常に幸運なことという意味です
人に生まれたことは「アリガタシ」です

そうなんですね。感謝の原点だと思いました。

天上天下唯我独尊
三悪道に生まれずして
親を因として生まれ難い
人間にご縁をいただいた感謝の声

三悪道（地獄・餓鬼・畜生）に生まれず人間として
生まれたのは親の因。親の有り難さですね。

在家信者の三聚浄戒《さんしゅじょうかい》

全ての戒を守ること　摂律儀戒《しょうりつぎかい》

全ての悪を断じること　摂善法戒《しょうぜんぼうかい》

全ての衆生を救うこと　摂衆生戒《しょうしゅじょうかい》

言葉は難しいけど、人様から喜ばれる人になって、人を救うことができる人間になりなさいということでしょうか。

在家信者の五戒

不殺生
不妄語
不偸盗
不邪淫
不飲酒

自分の生き方を正しくする五つの誓いですね。正しく生きることは自分の身を守ることにつながると思いました。

空海が説くさとりへの道（十の心の世界）
本能のまま欲望に溺れた世界から
道徳心に目覚めた世界
信仰心に目覚めた世界
永遠に普遍なものはないと悟る
全ては関係していることを悟る
人々の苦悩に慈悲の心を起こす
全ては空であることを悟る
全ては本来清浄であることを悟る
この世に永遠の真理があることを悟る
永遠の真理と一体になった究極の世界があると悟る
「空海の十住心論《じゅうじゅうしんろん》」

さとりへの道ですから、一般人にとってはかなりハードルが高い感じがします。でも、これも一つ一つの実践からですね

釈迦の最後の説法は自灯明、法灯明
同じく釈迦の臨終の言葉は
全ては移り変わるものだ
怠ることなく実践せよ　だった

「怠ることなく実践せよ」。すべて、答えは、これですね。

娑婆世界には
別れの悲しみ苦しみがあるのです
お釈迦さまはこれを愛別離苦と言われた

そうですね。出会いがあれば別れもる。これも素直に受け止めるしかないと思っています。

如来
くるがごとし
まだ来ていない

珍田さん独特の言い回し。「あなたは、どうですか」と問うている。「すでに我は如来なり」、それに恥じない生き方をせよということでしょうか。

難値難遇《なんちなんぐう》

仏教の教えに出合うことがいかに難しいか
ということを説明した言葉です
その遇《あ》い難いことが今、起きています
そのスタートが今ここに
学ぼう、仏教のこと葬式のこと

良き縁をいただくのも、出合いなんですね。有り難きことに出合ったなら、それに感謝して学ぶ。人生を無駄なく生きるコツですね。

仏の真実の言葉「真言」を唱える真言宗
阿弥陀仏の「真」の教えという浄土真宗
「偽」の文字と向き合う「真」

珍田さんの名前は「眞」さん。ご両親は眞に大事なお名前をつけられたんですね。

法然や親鸞は
阿弥陀仏の救いを説き
私達は南無阿弥陀仏と唱えるだけで
誰でもが阿弥陀仏の浄土である
極楽世界に往生できると教えてくれた
この後の仕組みとして
仏になった人が自分の代わりに
お寺さんに経を読んでもらっていると考えたらよい

どうあっても浄土に導きたい。お経を読んでもらうこと自体が有り難いことなのですね。

浄土真宗門徒は故人の命日、お盆、彼岸、法要などに
霊膳を供えない
なぜなら極楽浄土には「八功徳水《はちくどくすい》」と呼ばれる水と
百味の飲食《おんじき》に恵まれていて
見て香りをかいただけで満足すると
お経に書かれている

浄土真宗の仏壇に故人の位牌も写真も飾らないのは
亡くなると同時に浄土に生まれると考えるからです

宗派によって、違いがありますね。でも、信仰のある人は全て浄土に行くけるというのは有り難いですね。

位牌に書かれている○○の霊
実は仏教では霊魂の存在を否定しています
ブッダは教えていません（問われても答えていません）
しかし往生要集を著した浄土教の源信が
霊の存在を認めたことで一般化した
インドで生まれた仏教
中国、韓国を経て日本へ伝わりました
日本仏教は、その途中でインドの哲学、
ヒンズー教、キリスト教、中国の儒教、
日本の神道等の教えが合成されたものです

日本仏教は日本らしく融合しているわけですね。根本は、命のつながりを大切にするということで宜しいでしょうか。

古代インド哲学から誕生した「輪廻」思想
火葬した煙が霊魂を含んでいるはずではないかと
発想した考えが輪廻の始まり
このことに関してはブッダは語らなかった

ブッダは、命は生き続け、カルマは残ると語ったわけですね。

万一霊魂が死後も生き残り生前と同じ後悔と汚辱に満ちたライフサイクルを繰り返すとしたら大事《おおごと》だ

そうなら本当に大事《おおごと》です。大事《だいじ》なのは、嫌なライフサイクルにならないように今の生き方を正すことですね。

聖霊《せいれい》

神の霊がキリストを通じて人に宿り精神活動を起こさせるもの

精霊《せいれい》

死者の霊魂、物に宿る霊。万物の根源をなすと考えられる気

精霊《しょうれい》

死者のたましい。亡魂

同じようなのに、違いがありますね。勉強になります。

死者をおがむのは神道の考え
遺族、参列者に生《せい》（命）の尊さを説くのが仏教
葬儀は神道と仏教の合作

どちらかと言えば、死者をおがむ意味合いが強い感じがします。本書で葬儀の大事な意味を知って、両方を大切にしなければと思いました。

亡き人は薫香《くんこう》の中に包まれています
極楽浄土の妙香を偲ぶものです
なるたけ上等の香《こう》を少しづつ
ご仏前に捧げて浄土を偲びたいものです

香は大切なんですね。香を聞くというのは浄土を感じることでしょうか。

往《ゆ》き生まれる
浄土へ生まれる往生のこと
極楽は阿弥陀仏の住む浄土
天国は神や天使の天上の世界

亡くなった後で、浄土や天国に行けるとなれば話はわかり易いですが、これも宗教によって立場が違うようです。はっきりしているのは、「今を真剣に生きよ」ですね。

賢《かし》こきもの
それが神

はい。そのまま受け止めます。人間、謙虚さを失わず自らの人間性を高めていく。難しいですが、それを目指すしかありませんね。

鎮魂儀礼は神道の儀礼です

魂を鎮《しず》める。霊魂はあるという前提ですね。解釈はいろいろあっても、目に見えないものに感謝の気持ちや尊敬の念をもって心を傾けることは、とても大切なことだと思います。

法要は仏法の要
法事は仏教の行事の意
お盆、彼岸などもそれに入ります
食事のことではありません

自分自身の生き方を問うという、大事な意味を忘れてはなりませんね。

回向《えこう》は向きを回ると書きます
自分が受けるべき功徳を自分が受けずに
他の方に向きを変《かえ》えて
功徳を振り向けるのが回向の意味です

死者を供養するという意味だけと思っていました
が、死者に功徳を回すことなんですね。生きている
間に仁徳を積むことですね。

太陽が真東から昇り真西に沈む日を
春分、秋分の日と言います
その前後3日を合わせた1週間が
到彼岸（悟りの世界）で
極楽浄土を思う仏道修行の週間です

宇宙の動きに合わせて大切なことを確認する。これも命のつながりに、つながっていると思いました。

仏法僧
釈迦（仏）とその法則（法）と
それを学ぼうという人々の集団（僧）を
併せて仏法僧の三宝と呼ぶ
仏教徒とは3つへの帰依を誓った人のこと

仏教徒といえども生身の人間、帰依したからにはしっかりと仏の教えを守らなければなりませんね。

「供」には〝供える〟〝仕える〟という二つの意味があり
「養」には養うというだけでなく
〝勧める〟（はげます）の意味があるという
真宗では、お佛飯、お花を「備える」と書く
「供える」ではない
仏様の徳、おはたらきとして
すでに備わっていることを意味している
その広くて深いご縁のお陰で
今生きていることに気付けよとの
おはたらきと受けとめられる

それぞれに、大事な意味がある。それを感じる心を持たなければなりませんね。

仏様と亡者

亡くなった人を「仏」さまと言いますが、世間では、亡くなった人に手向《たむ》けるために、飲食物を供《そな》えたりしています。

しかし、もはや、飲み食いを必要としなくなったものを「まだ飲食物をほしがっているにちがいない」と考えているとしたら、その人にとって、亡き人は「仏」ではなく「餓鬼」なのでしょう。

また、「亡くなった人には、ちゃんと供養しておかないと、うかばれないにちがいない」と考えておられる人にとっては、亡き人は「仏」ではなく「亡者」であるということです。

そうなんですね。まず感謝、それが大切と思いました。

道元禅師様のお言葉を紹介します
「仏道を習うというは、自己を習うなり。
自己を習うというのは、自己を忘るるなり。
自己を忘るるというのは、（略）
自己の身心および他己の身心をして
脱落せしむるなり（略）」

現世にはいろいろのしばりがあるけれども、それをしばりと感じる己自身の心を捨てなさいということでしょうか。

曹洞宗の修行の基本は坐禅

修行は坐禅だけに限りませんが、ただひたすらに坐禅を行うこと只管打坐《しかんたざ》を最も重要に考えます。

そして、坐禅の心と姿で日常生活を生きてゆくことを説きます。

坐禅の力は必ず個人生活、社会生活に現れてきます。

つまり坐禅と日常生活は一つ、禅戒一如《ぜんかいいちにょ》なのです。

ですから日常生活を大切にして、今、ここで生きているかけがえのない命を事実のままに生きることこそが、修行であり、この自己の修行がそのまま仏の行であると教えています。

生きていることがそのまま修行。日々良いことを行い、念仏を唱えることが浄土へとつながるんですね。

臨済宗の教え

人間が生まれながらに、誰もが備えている厳粛で純粋な人間性を自ら悟ることによって、仏と寸分も違わぬ人間の尊さを把握するところに臨済宗の真髄があります。

もちろん禅宗ですから、坐禅を最も重視します。

臨済宗の禅は「看話禅《かんなぜん》」と呼ばれ、師匠が「公案」という問題を出します。弟子はこれを頭だけ理論的に考えるのではなく、身体全体で、理論を越えたところに答えを見いだします。

そして、この結果を検証するのが参禅です。

同じく表面的な私の考えですが、悟りを理論だけでなく、身体戦隊で答えを見いだしていくという説明、これも好きです。

日蓮宗では、お釈迦さまの説かれた教えの中でも「法華経《ほけきょう》」こそが、世の中を救う絶対最高の教えであるとします。その法華経を説かれた、実際に歴史上に存在されたお釈迦さまは「久遠実成の本仏《くおんじつじょう》」が自身を現した姿です。久遠実成の本仏とは、永遠の昔に悟りを開いた仏さまという意味で、法華経も、本仏が経典として、実態を示したものなのです。

法華経を日本に広宣流布した日蓮上人の教説を通して法華経を理解し、実践してゆくのが日蓮宗です。

法華経は本仏の声そのものであり、法華経の功徳すべてが「南無妙法蓮華経」の七文字にこめられていると日蓮上人は考えました。

そこで「法華経の内容をすべて信じ帰依する」という意味の「南無妙法蓮華経」を唱えることを、何よりも重要な修行としています。

私には以前学んだ、日蓮さまの三大誓願、我れ日本の柱とならむ、日本の眼目とならむ、日本の大船にならむ、が強い印象で頭に残っています。

第六章　言葉を生きる力にする

幸せ

「しあわせ」は、正しくは「仕合わせ」と書き、
「仕《つか》え合う」、つまり、相手のことを思いやり、
お互いに相手のためにできることを精一杯つくしていく、
このことがお互いに幸福をもたらすという意味。
一時的な満足ではなく、
本当に心からのしあわせを感じるためには、
人と一緒に喜び合う、
人のために役に立っているということが大切です。

もの凄く大事な教えと、心に強く響きました。
「人と一緒に喜び合う」これができれば本当に
「幸せ」だと思います。

人生最大の目標は「生き甲斐」の発見

生まれてきたからには、生き甲斐を持って生きる。そう思います。ではそれを発見するには、どうすればいいのか。それは中途半端ではなく真剣に生きることではないでしょうか。自分の人生は、自分が創るんですね。

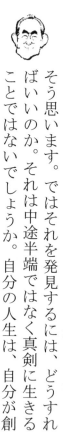

自分の時間を人のために使おうとすると命《いのち》はより輝く

そんなバカなと、思う人もいるのではないでしょうか。でも、これは間違いないと、私は自分で実感しています。

成功した人の背後には立派な母親の存在がある

偉人の伝記を読むと、その子を支え、温かく包み込み、そして人の道に反すれば厳しく叱る。そんなお母さんが出てきますね。

幸運は真心で結ばれた風船
真心は糸のごとし
真心の糸切れたとき
風船は飛び去る

幸運は、自分の真心が引き寄せている。そうなんですね。しかし真心は糸のように細い。真心を貫き通す大事さがわかります。

人生約《おおよそ》90年とすると
32、850日の大冒険である
後「いく日」残っているか
それで「何を」するか

間違いなくやってくる死、それを意識することで生き方が違ってくる。特に残りの人生を感じるようになったら、人の心に残る生き方をしたいですね。

動脈硬貨
高血圧に伴う脳血管障害
心臓病、肝臓病など様々な疾患の原因になり
硬貨（金）も必要になる
早目の手当てを、そして改善を

硬貨は使ってこそ価値を発揮する。使わずに貯めるだけでは固まってしまう。硬化してからでは遅いということですね。使うべき時を間違わないようにしたいと思います。

財産が出て行く四つの門
・悪友
・酒
・女
・賭博
不運も運もつくるのは自分

若い時は真面目だったのに、大人になってから溺れる人がいる。人間、いつ魔の手が伸びてくるかわからない。クワバラ、クワバラ。

親孝行の不足部分を
盛大な葬式をし
帳尻合わせをすることがある

盛大な儀式を行うには、力がなければできない。それができる人は、まずは形だけでもやったらいいと思う。そして、力が有る無しに拘わらず、葬儀の後、親孝行となる生き方をすることがより大切だと思います。きっと見守ってくれているはずですから。

腸清ければ病なし
心清ければ災いなし

理想ですね。妬《ねた》みや恨み、嫉妬や怒りは人の心を蝕むと言われています。心を清く保つには、そういう悪い感情に敗けない強い心も必要だと思います。

人間とは
人生とは
常に不安定
不確実
不透明

現実は、その通りだと思います。だからこそ、不安定に流されないように、いろんな生き方の教訓があるわけです。何より大事なのは、その実践ですね。

悪事が生まれるのは
自分の心から
欲望は
人生を狂わすほどの毒性を持っている

より良く生きるためには、欲望もあったほうがいいと思います。ただしその欲望を果たす際に、人の道から外れるようなことがあってはいけない。なにせそれは毒性をもっているのですから。

人生の苦しみは幸せになるステップ

大事なのは、その苦しみを次の生き方に生かすことですね。いわゆる成功者となった人の多くは、その体験を持っています。

お母さん
あなたが私の心にいて
励まし、祈っていることを知りました

心の中に、常に「親」の存在があることの大切さ。それが何かの時に大きな力となって、励まし、応援してくれます。

女性は子を宿し、産み・育てるという
神様から授かった神秘のパワーを持っている
更に、その子をやる気や勇気を奮い立たせる
魔法力や妹《いも》の力も合わせ持っている
（妹《いも》とは霊的力）

産む力、生む役割、女性、母の力は大きいですね。男女が性を別にして生まれてきているのは、それぞれの役割があるからだと思います。

抱きしめられて育った子は抱きしめて育てる親になる

親のあり方が子に伝わるということですね。小児科医の先生から子供をしっかりと、心を込めて抱きしめる大切さを教えてもらったことがあります。

足るを知る
命を知る
時を知る
難を知る
退くを知る

いずれも大事なことですね。最後にある「退く」に関して、その難しさを良く目にしました。立場や物に執着せず、人間的に器の大きさを広げていくことが求められるようです。

物事にあたるには
常に
喜心、老心、大心の心を持つべきである

喜び感謝する心、我が子を思う親の心、山の如く高く大きく、海のように広くてゆったりした心、これらを何事においても忘れずに生きられたら、相当立派な人間に成長するんでしょうね。

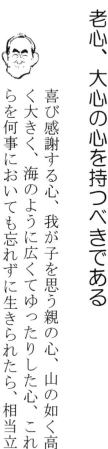

自己修復
他己修復
ごめんさない
ありがとう
お陰さまで　には
リセット効果がある

そうですね。例えば、「ごめんさない」１つとってても、素直に言うことができれば、お互いの関係が良くなっていきますね。

陰徳あらば　陽報《ようほう》有り

コツコツと目立たず善行を積んでいけば、お日様の暖かな日差しのような良いことが巡ってくる。ぜひ、こうありたいと思います。

人は天から徳を授かって
この世に生まれて来る

これを読んで、徳を授かってというのは、徳を実践しなさいということだと感じました。それであってこそ、生きる意味があるというような気がします。

雨奇《うき》　晴好《せいこう》

雨が降ってよし、晴れてよし
今日はいい日だと考えて暮らそう

何があっても、全てよし。逆境が新たな人生の始まりにもなりますからね。

未来を願うな
過去は既に無い
未来はまだやってこない

過去の出来事や、未来を心配して、思い悩むなというこ とでしょうか。取り越し苦労が、人の人生をダメにしていると聞いたことがあります。前を向いて、今できることをやっていく。単純ですが、それがより良い人生を創るんだと思います。

青春はお金で買えない
無駄に過ごすな

若者に限らず、幾つになっても、人生の教訓としてしっかりと肚《はら》の中に入れておかなければなりませんね。ただし、自分の意志がなければ単なる絵に描いた餅になってしまいます。

禍《わざわい》は口より出て身を破る
福《さいわい》は心より出て我を飾る

何気なく言っている言葉でも、人を、自分を傷つけてしまうことがあります。逆に、人様を、そして自分をも幸せにしてくれる言動もあります。人間づくりは簡単にはいきませんが、こうしたことに気を付けて自分を磨いていくことですね。

どしゃぶりだって
雪だって
いつかはやむ
忍辱《にんにく》の心を

困難な時は、それがずっと続くと思うのは、人の常です。その時は苦しくてたまらない。でもそこで得た貴重な体験を生かしていく。それが人生の醍醐味であり、自分を成長させてくれる。

人間は時が熟さなければ
分からないことがある
仏道は待ちて熟さん

難しい言葉です。ただ待つだけではいけない。コツコツの積み重ねがあって、パッとわかる時がくる。仏の道＝仏になる道もそうなんですね。

いい言葉
いい思いが
「いいこと」を
引き寄せる

そう私も信じています。マイナスの言葉や発想はしないように心がけています。

もう何日の朝ごはん
もういく日の夕ごはん
たのしくしなくちゃ

残り少ないからこそ、一段と楽しく生きる。楽しむことが苦手な私には凄く大事な言葉だと思って受け止めました。

大人の保育所　出来ないかなー
診療室あり、歌の勉強、ゲーム、
老病死の学びや相続などの……

歳をとってから、慌ててやるのではなく、死に備えて準備せよ。と言われても、人間ってなかなかやらないですね。一人では続けられないことも、人様と一緒だと続けられるようになります。大人の保育所という発想、面白いです。

どんなにみっともなくても
生き続け存在すること
命を捨てるな
奪うな

生きる意味があるから、この世に誕生してきたと思うと、命を大切にして生かしたいと思います。その気持ちがあれば、とても命を奪うことなどできません。しかし現実は、命を生かし切っていないのではないだろうか。

美しい人の一生

20代　清く　美しく
30代　美しく　強く
40代　強く　賢く
50代　賢く　豊かに
60代　健体　康心に
70代　元気でしなやかに
80代　輝き、そしてつややかに
90代　愛らしく
100歳　令《うるわ》しく、いぶし銀のように

それぞれの年代で、自分の生き方を見直してみませんか。これらを、素直な心で受け止めることも、より良く生きることに繋がると思います。

第七章　生きる智慧として活かす

人は富に執着し
名誉欲に執着し
悦楽に執着し
自分自身に執着する
この執着から苦しみ悩みが生まれる

自分のためだけの執着は自分を幸せにしない。損のように思えても誰かのために動いてみる。自分が役立っていると思うと嬉しくなる。より良く生きることに心を傾けたいですね。

六根清浄《しょうじょう》

六根とは、人間の目耳鼻舌身意
そこから生じる欲望を
どれだけ我慢できるかによって
その人柄が決まる

欲望と考えてしまうと自分の心を縛ってしまう。目耳鼻舌身意が喜ぶように、より元気になるようにすれば、六根も生きてくると思います。六根の働きには感謝、感謝です。

悟りを得るための5つの力

努めること

思慮深い心を保つこと

心を統一すること

明らかな智慧を持つこと

信じること

悟りというと、何か難しいですね。最終は仏様のようになることでしょうが、勉強にしても仕事にしても、今日一日を精一杯生きることではないでしょうか。

バラ色の人生
いばら色の人生

さあ、自分はどっちの道を歩んでいるのだろうか。
時には、立ち止まって、人生の軌道修正をすること
も大事ですね。

人間は3つの年齢を持っている
戸籍年齢
機能年齢
精神年齢

機能年齢は初めて聞きました。最後の最後まで、機能年齢を若く保ち、さっと去っていく。そんな人生にしたい。

有史以来人類が
最も精神をつぎ込んできたものは
祈りの文化です
大仏様、各地の寺院、仁徳天皇陵、
海外ではバチカン、モスク、
エジプトのピラミット等です

全て手を尽した後に、最後に残る手段は祈りのような気がします。しかし、もっと根源的なことを考えてみると、宇宙の営みをつかさどる天の意志というか、神というか、仏というか、それらの祈りの中で、私達は生かされているような気がします。

人間は超能力を（仏様から）授かっている
それは苦しみ、悲しみを忘れることができる
超能力です
人は忘れることで救われる時がある

有り難いですね。「時間が解決してくれる」ことを
よく体験しますが、それは忘れる超能力があるから
なんですね。

知識は人を悟りへ導く
知恵は悟りを開く為の心の働き

智識、智恵とも悟りを得るためには必要ということですね。と書いて、知恵というのは他者の為に生きる願いがあるように思いました。

今、年末を大晦日と言い
昔、歳とりの日と言った
1950（昭和25）年、年齢の言い表し方を
数えから満に改める法律が施行
数えは、この世に生まれた時が1歳、
あとは新年に歳《よわい》を積んでいく
満だと数えより、いつも1つか2つ少ない

数えだと元旦に全員が1歳、歳をとる。1つ大人になったからには、それぞれ立派な大人になっていこう、という思いを家族で共有できる。私はいい習慣だと思います。

4つの光
月の光
日の光
火の光
智慧の光

光は輝いている。命あるものは光輝いてこそ、本来の使命を果たす。人間も、光輝いて生きるのが本来の姿だと思います。

水《みず》

雨として降り蒸発して気体から雲になり
雨になってまた降るという
循環を繰り返すことから
輪廻を表したりします
浄化作用があることから
清めるという意味を持っています

日本人は水の有難味をあまり感じないと言われています。失ってみて初めて知る水の有り難さ。水にしても空気にしても、あって当たり前ではなく、有り難いことなんですね。

覆水盆に返らず
日本は言葉の文化であり
美しい言葉で話そう

発した言葉は実現する。想念は実現する。言葉や想念が持つ力を意味します。発した言葉や想念は、一番最初、自分の所に戻ってきます。たった一言でも、発するには注意しなければならないと思いました。

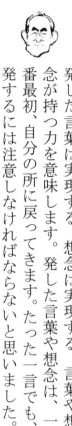

剣豪、宮本武蔵は
「我に百難与えよ」と
神に祈り、あえて逆境を求め、
苦しみを乗り越え、
剣道を極め達人の域に達した
人生、楽な道からは
何も生まれないことを教えている

剣の修業を人生に例えれば、人間磨きになる。志が高くなければ修業しようという思いは出てこない。人間は一般的に楽を求めるからである。しかし人間磨きは自分を成長させ、生き甲斐を感じさせてくれる。

あみだくじの「あみだ」は阿弥陀如来に由来し
室町時代から行われていた
当時のものは
線の上から下へ降りて行く現在のくじとは違い
真ん中から外に向って放射状に人数分の線を書き
それを引くものだった
その形が阿弥陀如来の後光に似ていたことから
「あみだくじ」と名前が付いた

これを人生に置き換えれば、人は阿弥陀如来の後光を受けて生きていることになりますね。

65歳の老齢厚生年金を受け取る前に
8人に一人が死亡してしまう
この割合は、船や飛行機、火災などの
事故と比較にならないほど大きい
人の死亡を「万が一」などと言うけれど
その割合は万が一どころではない
備えを！

その備えのことを、本書ではいろいろと述べていま
す。人は備えをすると心に余裕ができてきて、自分
も周りの人も幸せなっていくと思っています。

音楽には
言葉も　年齢も　国も
人種も　性別も
超えるパワーがある

人間が踊ったり歌ったりするのは、人間の感情や思いを表現する自然な発露だと思います。それが波動となって人の心に伝わる。音楽と人間は波動で結びついているが故に、垣根を超えて伝わるのではないでしょうか。

地球の夜に
安らかな眠りと
幸せな夢があるように
太陽は祈りを込め
地球のそばに月を配置した
月の優しい光が地球の夜を見守る

ロマンがあります。自分も安らかさを、人様に与えられるような人間になりたいです。

名利共休《みょうりともにきゅうす》

名声や利得に
執着しない心を持つ

名利とは、名聞利養の事で
名聞とは、名誉が世間に広がる事
利養とは、財を追い求める事
休すとは、休止の意で断ち切る事

坊さんの修行なんでしょうか。現実社会の一切を断ち切って自分の生き方を見直す。そして現実世界で生きていく。修行で得たものが、現実社会で生かされなければ修行の意味はないと思います。

資産は、やがて「遺産に」
遺産は「資産」になる

この循環が現実社会では難しい。だから備えが必要。備えをしなかったために争いが起きてしまう。「わかってはいるけど、手が回らない」では済まされない重要な課題です。

財産のシンボルは貝

金銭に関する字　財産、財宝、貯金、

身分に関する字　貴族、高貴、賤しい

地位に関する字　貧困、貧乏、極貧

中国大陸の「中原」では「貝」は希少価値があった

賣《うる》、買《かう》、財《たから》、販《あきなう》、

貸《かす》、費《ついやす》、預《あずける》などに貝の文字がある

貝が貴重品だったが故に、貨幣の代わりになった。貴重品だからこそ大切に使う。税金を使う人は自分の懐が痛まないからか、無駄が多いと感じる。ここで言っても仕方がないかもしれないが、でも無駄は止めて欲しいと言いたい。

一穀一会
一菜一会

二度と同じ出合いはない。これは全てにおいて、言えることだと思います。その思いを大事にして、生きて行く。自分の命をつないでくれる食物も、その都度新しい出合いがあっていただくことができる。有り難い限りです。

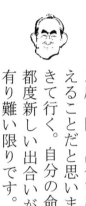

東洋古来の思想
天人合一
（人も自然の一部）

自然を征服する。のではなく、自然と一体であるという感覚が日本人にはあります。全てに命があり、その命と自分の命が一体である。素晴らしいと思います。個優先の思想で、それが失われていると感じています。

心神喪失
心仏喪失
神を失う　失神
仏を失う　仏失《ぶっしつ》

人間に心あり。その心、猛獣にもなれば神仏《かみほとけ》にもなる。仏の心を失ったのが物質（仏失）、そんな人間になるなということでしょうか。

全てを失い
全てを捨てた者の心の平安

と言われて、その様な生き方ができるでしょうか。おそらく宗教的な表現だと思います。何もかも捨てることは難しいけれども、我欲を捨てて周りの人から喜ばれる生き方をする。それが心の安心に繋がるのだと思います。

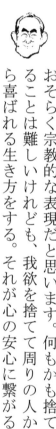

感謝されるということは
自分が人のために尽くすことである
人間がもっとも幸福を感じるのは
人から感謝されたときです

トルストイの人生論から

これは、歳をとってくると実感します。人は自分独りのためにだけ生きていると、自分は何のために生きているのか、それがわからなくなり不安になるのです。

人々の幸せとは何か
人に役立つとは何かについて
洞察を重ね
他の人の喜びを自分の喜びとする
より本質的なレベルを追求する

という生き方が、自分を幸せにすると思います。

愛する日もある
愛が憎しみに転ずる日もある
失敗に泣く日もある
成功に酔う日もある
みずからの成功の蔭で
泣く人がいることに
気づかせていただく日もある

成功の蔭で泣く人がいると同時に喜んでくれる人もいる。経済の競争世界では勝ち負けがあり、その中で生きていかなければならない。だから負けないように努力しなければならない。負けたら、再挑戦する。それが人生。

地獄とは
自分が作って
自分が堕ちるところ

地獄とは死後の世界にあると思っていましたが、この世の地獄も、結局、自分が作っているんですね。

セカンドオピニオン
マルチオピニオン
サードオピニオン

レッツ
セルフマネジメント

どう生きるかの結論は、これですね。これなくして自分の人生を嘆いても、誰も助けてくれない。自分の人生は、自分の意志で創っている。

初心を原《たず》ねる
新しく出直さなければならない時に打つ手

さあ、今からでも遅くはない。一度の人生を悔いなく過ごすためにも、前を向いて一歩踏み出しましょう。

あとがき

人はこの世に生まれ、例外なく死を迎えます。それなのに、何故この世に生まれてきたのだろうかと考えると、それは何か意味があるからと捉えるのが自然だと思います。

それを、人生の修行と捉えるか、魂の向上と捉えるか、はたまた前世でやり残した役割を果たすためと捉えるのか、人それぞれ、人生に対する考え方や信仰する宗教などで違ってくると思います。

ですから、これが絶対に正しいという答えは無いのかもしれません。しかし何かしら答えとなるものが欲しい、というのが人の心ではないでしょうか。

そんな思いを抱きながら本書をまとめたわけですが、死を考えられるのは、今を生きているからです。生きているというのは、両親そしてそれに繋がる命、ご先祖があってのことです。そしてその命は、子孫に引き継がれていきます。

　そうした命の繋がりを俯瞰すると、自分の人生は死によって終わりかもしれませんが、命は引き継がれていることが分かります。御先祖の一人でも欠けたら今の自分はこの世に存在しないわけです。これは奇跡的なことです。

その尊い命をいただいたことに感謝し、ご恩返しするには——あの世に逝ってからできるかどうか分かりません——今を真剣に生きることです。どう生きるかの具体策は、その人の置かれた立場で決めていくことになりますが、その出発点になるのが「死を思い　生を見つめる」ことなのです。そしてそれが、結果として「人生　幸せの道に繋がる」ということになります。

なお、今生で子孫がおられない人も命は生き通しですから、またこの世に生まれて「新しい命の繋がり」ができます。

いずれの人も、自分を含めて周りの人を幸せにし、悔いのない人生を送る。それが人生の意味の一つであり、その実現のために「死を思い生を見つめる」ことが大事だということです。

最後になりましたが、第一弾の『死とは残された人への最後の授業』では奇跡のりんごの木村秋則様と宗徳寺住職の黒瀧信行様より推薦の言葉をいただきました。黒瀧様には第二弾でも推薦の文章をいただきました。まことにありがとうございます。

また、何かとご協力をいただいた皆様にも感謝申し上げます。

最後までお読みいただきまして、誠にありがとうございます。

珍田　眞

珍田眞さんとのこと

宗徳寺住職　黒瀧信行

小衲（僧侶の自称）が珍田さんと初めてお会いしたのは、田邊孝美さんからの紹介であった。田邊さんは、小衲が関わっている更生保護の仲間で、日頃から信頼を以て接しさせていただきているので、今回も言われるまま、珍田さん第一回目出版作『死とは残された人への最後の授業』の表紙の帯に載せる推薦のワン・フレーズを書かせていただいた。

僧侶である私としてもそれなりの立場もあることから、いくら田邊さんの紹介であっても、内容が低俗だったり意に反するものであった場合には断る場合も無きにしもあらずという、ある種の緊張感を以て初対面に臨んだのだったが、珍田さんが抱え持ってこられた原稿は小衲の予想をはるかに超えた、実に立派な内容のものであった。

特にこの著者は仏教を徹底研鑽し、仏教の教えを深く理解し、人に真の幸福をもたらすその仏教を、他に知らしめたいという強い意志を持った、正真正銘の人物であることが十二分に感知できたのである。

仏教知識が広く網羅されており、しかも仏教の本髄を決して離れず、それらが誰にでも理解出来るように平易な言葉で述べられている。読む者は、仏の説くこの世の真理・真実を知覚し、仏教が教える人間にとっての真の幸福、理想的人生の行じ方を自ずから会得して行くのである。

かくいう小衲自身も、寺に住して四十年、仏教を日夜参究し、仏教の真理・玄奥性に深く感じ入り、こうした仏教を世のため人のため布教したいと思う強い心は憎後（人後のもじり）に落ちずと自負するものであるから、珍田さんの著作からにじみ出ている信念と姿勢に深く共鳴したのである。良き邂逅（めぐり会い）を深く感じたのであった。

邂逅といえば、その後二人の間に思わぬめぐり会いがあった。第一回目の著作が発行され未だ一カ月も経たないある日、恒例の更生保護施設「あすなろ」での法話が終わって青森から弘前へ帰宅する電車の中でのことだった。

新青森駅で多くの乗客が電車を降り、その大きな動きで気がついたのだが、左端に坐っていた小衲の右側の乗客達数名も降り、その空いた席をおいて今や隣席となった右端の乗客に、珍田さんによく似た方が、睡眠中か瞑目中か、腕組みをし、姿勢を正しくして目をつむっていたのである。

よっぽど声をかけたかったのだが、ほんの一カ月前の出会いの印象が未だ小衲の脳裏に残存しているが錯覚だろうと言い聞かせて衝動を抑えた。

途中浪岡駅で降りて行ったその隣の人が、結局珍田さんであったのだが、珍田さんも小衲のことに気が付いていたが確信できず声をかけなかったそうである。ほとけ掛かりの不思議な因縁を感じた。

珍田さんとは、ごく最近明らかになった更にもう一つの邂逅があったのだ。

弘前の小衲の寺には、青森市内にも二十件ばかり檀家があって、二年に一回ほど葬儀のため青森市内に赴くことがある。

今から十年以上前のこと、ある日その青森市内に葬儀ができた。

葬儀は、とあるこじんまりした葬儀屋さんで行われた（珍田さんという名のついた葬儀屋さんだったが、市内には当時三件の同名の葬儀屋さんがあったといい、どちらの店かは認識していなかった）。

葬式前夜の通夜法要が始まる前、その葬儀屋さんの若い経営者が、みずから法要の打ち合わせに小衲の控室に入ってきた。打ち合わせは決まりきったものなのだが、只一つ通夜には通夜説教というものがあり、事前にその法話の有無を聞かれる。

小衲は、人前で話をすることが苦手であるにもかかわらず、又参列者の中には通夜説教を決して好んでいない方が少なからずおられることを認識していながら、原則としてあえてこの説教を行ってきた。

法話を聞きたいという篤信の方がおられる以上、仏教者として法話不要と思う人よりも聞きたいと思う人を優先すべきであるなどと葛藤しながら、結局今日まで原則として行ってきたのであう。

しかるに、青森市でのその夜の打ち合わせでは、原則を破り、「今日は説教はしません」と答えていた。

青森まで来たのだからこの度は少々楽をさせてもらおうというささかなる邪念が生じた結果であった。法話が無いとすれば、経営者にとってもその分早く店じまいが出来るというものである。結構なことのはずであった。

しかし、その考えはまさに邪念であった。その経営者は、失望の色を顔一杯に表わした。そして揺らぐ小衲の心境を感じ取って、「是非やって下さい」と強く要望した。そして念を押すように、「みなさん悦《よろこ》びますから」と心底から言われたのである。この一言は生涯決して忘れることは無い。

このような誠意と揺るぎない信心を持った葬儀屋さんが存在することに深い感動を覚えた。また迷妄する弱気宗教者に彼は確信と勇気を与えてくれたのである。

「僧後に落ちない」と自負する僧侶が、人後に落ちたことを認識させられた瞬間でもあった。

その夜の通夜説教は、その夜法話することになった心境の変化について正直に語ることから始めた。

＊　＊　＊　＊　＊　＊

田邊さんから珍田さんの名を聞いた当初、かつて邂逅したかの若き経営者かも知れないと期待したのだったが、お会いした珍田さんは決して若くはなく、故に別人であった。

今回第二冊目出版のための打ち合わせで久しぶりにお会いした時、このことについて話題にしてみた。小衲の話が終わると珍田さんは、「十年前は私も若かったんです」と穏やかに笑っていた。話はそれ以上敢えて進めなかったが、確かに小衲も十年前はこんなにぼけてはいなかった。

珍田　眞（ちんだ　まこと）
昭和 19 年青森県生まれ。
元珍田ホールディングス 代表（珍田グループ 30 社を統括）
青森ブロードバンド･コミュニケーションズ 代表（現任、他３社）
労働省認定 FD（フューネラル・ディレクター）１級
労働省 FD 技能審査官（10～12）
シニアライフプラン・インストラクター（SLI）
社団法人全冠協外務員登録（000385）
Funeral 文化研究員
元全国氏子青年協議会理事
青森県氏子青年協議会永久顧問
霊園斎場指定管理者（５年）
平成元年～３年まで「お葬式一言メモ」という番組（青森）に出演
青森ペンクラブ会員　他

葬祭ディレクター
まことさんの珍言録 ②
人生、幸せへの道　死を思い、生を見つめる

令和2（2020）年2月12日　発行

著　　者　珍田　眞
発 売 者　斎藤　信二（編集長）
発 売 所　〒116 - 0013
株式会社 高木書房
東京都荒川区西日暮里 5-14-4-901
電話 03-5615-2062　FAX03-5615-2064
E メール：syoboutakagi@dolphin.ocn.ne.jp
装　　幀　株式会社インタープレイ
印刷製本　株式会社 ワコープラネット

※乱丁、落丁は、送料小社負担にてお取替えいたします。
定価はカバーに表示してあります。

ISBN978-4-88471-460-4　C0039 Prinied in Japan